LA PAIX EST FAITE!

CHANTONS.

Te Regem laudamus!

A PARIS,

Chez TIGER, Imprimeur-Libraire,
rue du Petit-Pont, n° 10.

AU PILIER LITTÉRAIRE.

LA PAIX EST FAITE!

RONDE.

Air : *Ma tante Urlurette.*

Amis, nous sommes *Français !*
Il faut célébrer la *Paix !*
Il faut nous mettre en goguette...
    Turlurette,
    Turlurette,
  Car *la paix est faite.*

Nous n'irons plus à *Moskou*,
Pour y chercher... le Pérou !
Geler des pieds à la tête...
    Turlurette,
    Turlurette,
  Car *la paix est faite.*

Les Français font, dans Paris,
La *guerre*... à tous les maris,
La *guerre*... à chaque fillette,
    Turlurette,
    Turlurette,
  Car *la paix est faite.*

Près des belles, nos galans
Triomphent en conquérans,
Et feront mainte *conquête*...
  Turlurette,
  Turlurette,
Car *la paix est faite.*

A ton bras, jeune garçon,
Tu n'as plus un *mousqueton*,
Mais une aimable grisette...
  Turlurette,
  Turlurette,
Car *la paix est faite.*

Journalistes, vous auteurs,
Et plaideurs et procureurs,
Mettez-vous bien dans la tête,
  Turlurette,
  Turlurette,
Que *la paix est faite.*

Maris, femmes, plus humains,
Vous n'en viendrez plus *aux mains !*
Maris, *battez en retraite*...
  Turlurette,
  Turlurette,
Car *la paix est faite.*

Et ce tyran détesté!...
Mais laissons-le de côté;
Il doit en perdre la tête!
  Turlurette,
  Turlurette,
 Car *la paix est faite!!!*

Toi, dont le cœur est blessé,
Daigne oublier le *passé!*..
Avec la France, répète,
  Ah! répète,
  Oui, répète :
« Que *la paix est faite.* »

Français, de notre bon *Roi*,
Telle est la première loi :
A ses enfans, il répète,
  Il répète,
  Il répète :
« Que *la paix est faite!*

Les monarques sont unis;
Tous les peuples sont amis,
Et l'Europe nous répète,
  Nous répète,
  Nous répète :
Que *la paix est faite!*..

    F. de C.
  volontaire royal.

RONDE

POUR LA PAIX.

Air: *Allons, mettons-nous en train.*

Loin de nous, les noirs cyprès !
    Plus de *guerres*
    Meurtrières ;
Chantons tous, en bons Français :
  « Vivent *Louis* et la *paix !..* »

Dans cet aimable Paris,
Qu'effrayait une bataille,
Au lieu des rangs ennemis
Enfonçons chaque futaille !
    Loin de nous, etc.

Que tout, au sacré vallon,
Reprenne un joyeux délire :
Tu n'auras plus, Apollon,
Que des vertus à décrire.
Loin de nous les noirs cyprès !
    Plus de *guerres*
    Meurtrières ;
Chantons tous, en bons Français :
  Vivent *Louis* et la *paix !*

Ce n'est plus sur un tombeau
Qu'est le siège de la gloire,
Et la sincère Clio,
Sans rougir, écrit l'histoire.
    Loin de nous, etc.

Aujourd'hui tout semble doux
Dans l'avenir qui s'apprête ;
Il n'est permis qu'aux époux
De craindre encor pour leur tête...
    Loin de nous, etc.

Le fier tambour cessera
D'être l'unique interprète ;
La beauté seule pourra
Nous mener à la *baguette !..*
    Loin de nous, etc.

Puisque de chaque sujet
Notre Monarque est le *père*,
C'est aujourd'hui qu'il faudrait
Se donner le nom de *frère*...

Loin de nous les noirs cyprès !
        Plus de guerres
        Meurtrières,
Chantons tous, en bons Français :
  « Vivent *Louis* et la *paix !..* »

Prince, reçois des souhaits,
Chers à la reconnaissance :
Puisses-tu vivre à jamais,
Comme tes bienfaits en France !..

Loin de nous les noirs cyprès !
    Plus de *guerres*
    Meurtrières ;
Chantons tous, en bons Français :
« Vivent *Louis* et la *paix* !.. »

             A. V.

Fourier dans la 10ᵉ légion de la garde nationale.

LES VOLONTAIRES ROYAUX,

CHANT NATIONAL.

Air : « *Vive Henri-Quatre !* »

UN MILITAIRE.

Pour la *patrie*,
Pour son *Dieu*, pour son *Roi*,
Donner sa vie,
Est-il plus noble emploi ?..
Franc militaire,
L'honneur, voilà ma loi :
Je suis *volontaire*
Pour défendre mon *Roi* !..

UN ÉTUDIANT EN DROIT.

Que chacun ose !..
Défendrons-nous jamais
Plus belle *cause* ?
Le bonheur des Francais !
Franc militaire, etc.

UN ÉLÈVE DE L'ÉCOLE NORMALE.

Suivons l'exemple
De ces héros latins :

Qu'on nous contemple
Comme de vrais Romains !..
 Franc militaire, etc.

UN MÉDECIN.

Dans la souffrance,
Ce bras vous aidera...
Pour la défense,
Cet autre servira !..
 Franc militaire, etc.

UN PARTICULIER.

La tyrannie
Enchaînait la valeur ;
Le mot : « Patrie! »
Réveille notre ardeur !
 Franc militaire, etc.

UN AUTEUR.

Mon cœur s'allume !..
Si l'on nous attaquait,
Laissons la *plume*
Pour porter le *mousquet !*
 Franc militaire, etc.

UN AMANT.

L'honneur m'appelle
Loin d'un objet chéri ;
Ma *Gabrielle*,
Je sers notre *Henri !..*
   Franc militaire, etc.

TOUS LES BONS FRANÇAIS.

Vers le *panache*
De notre bon *Henri*,
Que chacun sache
Se ranger à ce cri :

« Franc militaire,
« L'honneur, voilà ma loi :
« Je suis *volontaire*
« Pour défendre mon *Roi !..* »

F. de C.

LE CRI DU COEUR.

Air: *Il faut aimer dès sa plus tendre enfance.*

Il faut aimer cette auguste famille,
Qui fit toujours le bonheur des Français;
Il n'est pas faux, l'éclat dont elle brille,
Il est le prix du bonheur, de la paix.
Du *Corse* altier si la main criminelle,
Braves Français, a pu vous opprimer;
De nos *Bourbons* la main est paternelle...
    Il faut l'aimer!   (bis.)

Il faut aimer ce monarque si sage,
Chez qui l'on trouve et vertus et talens;
Il a voulu, dit-on, notre esclavage,...
Il enchaîna les cœurs de ses enfans.
Fuyez les lieux où ce bon *Roi* respire,
Vous dont le bras contre lui veut s'armer;
Quand on l'entend, quand on le voit sourire,
    Il faut l'aimer!   (bis.)

Il faut aimer cette illustre princesse,
Long-tems formée aux leçons du malheur;
Déjà d'un ange elle avait la sagesse;
Nous lui voyons d'un héros la valeur.

Adressons-lui le légitime hommage
Que doublement elle doit reclamer :
Pour ses vertus, comme pour son courage,
  Il faut l'aimer !   (bis.)

Il faut aimer, des preux ce vrai modèle,
Le plus courtois des chevaliers Français ;
Frère chéri, connu sujet fidèle,
De sa bonté nous avons mille traits.
Il faut aimer ses fils, son espérance,
Chacun des deux a droit de nous charmer ;
Chacun des deux se consacre à la France...
  Il faut l'aimer.   (bis.)

Il faut aimer cette *Charte* immortelle,
Noble faisceau des plus prudentes lois ;
Un *Roi*, chéri du peuple qui l'appelle,
Veut, pour jamais, assurer tous les droits.
Ah ! punissons toute bouche ennemie
Qui veut encore contre elle déclamer ;
La protéger, c'est *aimer* la patrie...
  Il faut l'aimer !   (bis.)

     A. V.

LES CHEVALIERS DU LIS,

CHANT GUERRIER,

DÉDIÉ A LA GARDE NATIONALE.

(Musique de Mlle Herminie Daubonne.)

(La musique de ces couplets se trouve à Paris, chez P. Perro, rue J.-J. Rousseau, n. 14, et chez les marchands de nouveautés.)

Chevaliers de la Table ronde,
Héros fameux par maints exploits,
Vos armes ont dicté des lois
Jusqu'aux extrémités du monde !
En France, protéger la paix,
Voilà le bonheur des Français :
A l'honneur, à l'amour fidèles,
Ils gardent le prince et leurs belles...
« Honneur aux guerriers de Louis !
« Honneur aux *Chevaliers du Lis !* »

Dans vos luttes chevaleresques,
Parcourant la terre et les mers,
Vous alliez, partout l'univers,
Vaincre des monstres gigantesques !
Mais, parmi de plus doux ébats,
Et dans leurs amoureux combats,
Pour soumettre les cœurs rebelles,
Nos Français font la guerre aux belles...
Honneur, etc.

Ces preux erraient à l'aventure ;
Loin d'eux languissait la beauté ;
Mais parfois l'infidélité
Les punissait de cette injure !
Nos guerriers seront plus heureux
Que ne l'étaient jadis les preux :
Pour garder le cœur de leur belle,
Nuit et jour ils font sentinelle...
Honneur, etc.

Si leurs armes offraient l'emblême,
Et du ravage et des hauts faits ;
Le *lis*, emblême de la paix,
En France est le signe qu'on aime :
Ils gravaient sur leurs écussons
Et les tigres et les lions !..
Gravons dans notre ame attendrie :
« Le *Roi*, la *Paix* et la *Patrie* !.. »
Honneur, etc.

F. de C.

LE RETOUR.

Air : *L'amour qu'Edmon a su me taire.*

Tu reviens, aux vœux de la France,
O Prince justement chéri ;
Des maux causés par ton absence
Notre cœur enfin est guéri.
Vers leurs monarques légitimes
Volent déjà tous les Français :
Nous avons vu de nouveaux crimes...
Nous verrons de nouveaux bienfaits !

S'ils ont pour base la justice,
Les trônes sont mieux affermis;
Plus d'abus qui nous désunisse;
Pour notre Roi, plus d'ennemis.
Nous dirons, maudissant l'arène
Où tomba maint guerrier vainqueur:
« Nous avons, par trois mois de peine,
« Payé des siècles de bonheur. »

Lève ton front, ô ma patrie!
Forte encor tu vas refleurir;
Au joug d'un despote ravie,
De tous tes droits tu peux jouir.
De *l'abeille*, si la piqure,
A long-tems déchiré ton cœur,
Pour cicatriser ta blessure,
Le *lis* vient t'offrir sa douceur (*)

Et toi, céleste providence,
Qui veilles à jamais sur nous,
Nous t'offrons la reconnaissance
Qu'inspirent des soins aussi doux.
Si, tout coupables que nous sommes,
Tu consens à nous protéger,
C'est pour apprendre aux rois, aux hommes,
Comment ils doivent se venger!

A. V.

(*) Chacun sait que la feuille du lis s'emploie, comme un remède, contre la piqure de l'abeille.

LE CHANT DU BONHEUR,

DÉDIÉ A TOUS LES FRANÇAIS.

Couplets chantés sur le théâtre des Variétés, par M. Bosquier-Gavaudan, le 9 juillet 1815.

Air à faire;
ou : *Ce magistrat irréprochable.*

La foudre a grondé sur nos têtes !
Le ciel a puni nos erreurs...
Dans ta vengeance, tu t'arrêtes,
Dieu, tu mets fin à nos malheurs. (*bis.*)
Après la douleur passagère,
Le plaisir a bien plus d'attraits...
Après le fléau de la guerre, (*bis.*)
Goûtons les douceurs de la paix. (*bis.*)

En France, l'on voyait la mère
Maudire sa fécondité ;
Ne crains plus la loi meurtrière,
Brave aujourd'hui la pauvreté. (*bis.*)
Elle n'est plus la tyrannie
Qui, sans pitié pour ton amour,
Te forçait d'acheter la vie (*bis.*)
De l'être qui te doit le jour ! (*bis.*)

« *Vive le Roi !* » de la Patrie
Ce cri vient bannir tout effroi ;
Du fond du cœur, chacun s'écrie :
« *Vive le Roi ! vive le Roi !* »　　(bis.)
Fleur de lis, ô fleur si chérie,
Ta blancheur, symbole de paix,
On ne la verra plus rougie　　(bis.)
Par le sang du peuple *Français !*　(bis.)

Il revient ce *Roi* que la France
Justement nomma *Désiré*...
Après une cruelle absence,
Dans ses états il est rentré.　　(bis.)
Déjà son sceptre tutélaire
Succède au glaive des tyrans !...
Des *Français*, *Louis* est le père, (bis.)
Il vient consoler ses enfans !　　(bis.)

F. de C.

LA CAUSE ET L'EFFET.

Air : *Eh ! ma mère, est-c' que j' sais ça.*

Le Français bat en retraite...
La *patrie est en danger !*
En pleurant notre défaite,
Pourquoi nous décourager ?
Je dis, sans perdre la carte :
« Puisqu'on ramène un *Bourbon,*
« Et qu'on ôte *Bonaparte....*
« *A queuq' chos' malheur est bon !* bis.

Instruit, dans mainte disgrace,
A l'école du *malheur,*
Louis sait mettre à sa place
L'homme franc et le flatteur.
Son départ lui fit connaître
L'honnête homme et le fripon....
Le bon Français et le traître...
A queuq' chos' malheur est bon !

D'une longue tyrannie
Nous avons subi la loi;
Libre du joug, la patrie
Chérira mieux un bon roi.
Sa puissance allait s'abattre...
Enfin, au prix d'un *Néron,*
Elle achète un *Henri-Quatre...*
A queuq' chos' malheur est bon.

Quitter le champ de bataille,
Pour un Français, quel malheur!
Plus tard, loin de la mitraille,
Il se dira de bon cœur:
« Je serais, dans ma jeunesse,
« Mort d'un boulet de canon,
« Et je mourrai... de vieillesse...
« *A queuq' chos' malheur est bon.* »

Voir les *étrangers* en France,
Certes, c'est un grand *malheur!*
Mais déjà leur alliance,
De Mars calme la fureur.
Non, désormais plus de guerres;
L'Europe est à l'unisson,
Pour faire un peuple de frères...
A queuq' chos' malheur est bon.

Si c'est un *malheur* d'entendre
Proclamer notre *Louis*,
Et de voir le *Roi* nous rendre
Nos frères et nos amis,
Le commerce, l'abondance,
La paix, les arts, l'union,
Et le bonheur de la France....
A queuq' chos' malheur est bon!

      F. de C.

VIVE UN BOURBON!

RONDE ROYALE.

AIR: *Non, non, point de pardon.*

Bon!
Bon!
C'est un *Bourbon!*
Jeune et barbon,
Que l'on danse,
En cadence;
Bon!
Bon!
C'est un *Bourbon!*
Par plus d'un bond,
Fêtons le bon
Bourbon!., (*Grand chorus.*)

« Quel chef, disait-on,
(En baissant le ton,)
« Doit-on nous donner
« Pour nous gouverner ?
« Au trône chéri
« De notre *Henri,*
« Verrons-nous siéger
« Un prince *étranger!..* »
Non,
Non, etc.

Anglais, Écossais,
Espagnol, Français,
Russe, Bavarois,
Autrichien, Hongrois,
Breton, Allemand,
Cosaque, Normand,
Prussien et Saxon
Chante à l'unisson :
  Bon, etc.

Nous devrons au *lis*
Nos jours embellis,
Et bientôt Paris
Reverra les ris.
N'étant plus proscrits,
N'étant plus *conscrits*,
Nos enfans vieillis
Mourront... dans leurs *lits*...
  Bon, etc.

Dans un doux repos,
Près de leurs drapeaux,
Voyez nos guerriers
Comptant leurs lauriers,
Jusqu'au canonnier,
Comme un chansonnier,
Avec son *canon*,
Chanter *en canon :*
  Bon. (*imiter le bruit du canon.*)

Le sang, par torrens,
Des soldats mourans
Inondait les pas,
Glaçait le trépas !..
Partout des moissons,
Partout des chansons;
Et dans tous les champs
On entend ces chants :
  Bon, etc.

D'un nuage épais
Sort la douce *paix*...
Le séjour des dieux
Est plus radieux!
Qui sèche nos pleurs,
Finit nos malheurs,
De nos *ennemis*,
Qui fait des amis ?
  Bon, etc.

Vous, tendrons charmans,
Tous vos sentimens
Étaient seulement
Pour votre maman;
Graces à la paix,
Faites désormais
Partager l'*amant*
Avec la *maman*...
  Bon, etc.

En t'utilisant,
Honnête *artisan*,
Pour toi quel présent
Qu'un *Roi* bienfaisant!
Nos princes chéris,
Veillant sur Paris,
Feront *travailler*
Et non *tirailler*.

    Bon, etc.

Tu calmes, *Louis*,
Des maux inouïs,
Et bientôt tu veux
Combler tous nos vœux;
Ah! vois tes enfans,
Gais et triomphans,
Vers toi se pressant,
Chanter, en *dansant*; (*)
    Bon!
    Bon! etc.

Par MM. A. V. et F. de C.

(*) Le jour de l'entrée de S. M. Louis XVIII, monde dansait en rond sur la terrasse des Tuileries

FIN.

Texte détérioré — reliure défectueuse
NF Z 43-120-11

www.ingramcontent.com/pod-product-compliance
Lightning Source LLC
Chambersburg PA
CBHW070458080426
42451CB00025B/2787